아래를 믿음으로 선포합시다!

합격 믿음 선포

하나님의 자녀인

_____
(수험생 성명)

주님의 크신 은혜와 능력으로

_____ 대학교

_____ 대학에

합격할 것을 믿으며
예수 그리스도의 이름으로 선포합니다.

_____ (서명)
(선포자 성명과 서명)

믿는 자에게는 능히 하지 못할 일이 없느니라 - 마가복음 9:23

이 책의 사용방법

1. 이 책을 받은 그 날짜에 바로 시작하되, 매월 1일이 되면 다시 날짜에 맞춰 기도를 시작하고 반복하십시오.

2. 30일 동안 매일 적당한 시간을 내어, 글씨는 눈으로 읽되, 기도는 주님이 듣고 계신다는 믿는 마음으로 간절히 반복해서 하십시오. 확신이 생길 것입니다.

3. 「기도하기 전 읽고 묵상할 성구」에 기록된 성경 말씀을 암송한다면(강추!) 더 큰 힘과 확신을 줄 것입니다.

4. 「기도문 중에 「아이」라는 단어가 나오면 「아이」 대신 자녀의 이름을 부르며 기도하십시오.

• • •

"두려워하지 말라/ 내가 너와 함께 함이라/ 놀라지 말라/ 나는 네 하나님이 됨이라/ 내가 너를 굳세게 하리라/ 참으로/ 너를 도와 주리라/ 참으로/ 나의 의로운 오른손으로/ 너를 붙들리라" - 이사야 41장 10절

자녀의 **대입 합격**을 위한

부모의 무릎 기도문

나침반

자녀를 위한 축복기도

주님!
나의 자녀가 이렇게 성장하기를 기도합니다.
약할 때에 자기를 분별할 수 있는 강한 힘과
무서울 때 자신을 잃지 않을 수 있는
담대한 마음을 주시고
정직한 패배에 부끄러워하지 않으며
승리할 때에 온유하고 겸손할 수 있는
자녀로 키워주소서.

생각해야 할 때에 고집하지 말게 하시고
주님을 알고 자신을 아는 것이
지식의 근본임을 아는
자녀로 키워주소서.

바라건대 그를 안일과 쾌락의 길로
인도하지 마시고
고난과 역경 속을 지날 때에도,
폭풍우 속에서도 용감히 일어설 줄 알고
패자를 불쌍히 여길 수 있는
사랑을 배우게 하소서.
마음이 깨끗하고 목표가 고상한 자녀,

남을 정복하려고 하기 전에
먼저 자신을 내다보는 자녀로 키워주소서.
또한 참으로 위대한 것은 소박한 것이며
참된 지혜는 개방된 것이요,
참된 힘은 온유함이라는 것을
항상 기억하게 하소서.

그리고 나는 감히 이렇게 고백하게 하소서.
내 생애는 절대 헛되지 않았노라고….
예수 그리스도 이름으로 기도합니다. 아멘!!

-맥아더 장군(인터넷에서 찾은 글로 번역자 미상)

자녀의 인격을 더 아름답게 만드는 법

누구보다 성공한 아버지를 둔 소년이 있었습니다.
소년은 아버지를 닮기 위해 열심히 공부를 했지만 그때마다 어머니는 성적보다도 먼저 인격이 더 중요하다며 다음의 9가지 수칙을 지키라고 가르쳤습니다.
1. 상대방의 약점은 잊고 장점만 기억하여라.
2. 적을 만들지 말고 친구를 만들어라.
3. 다른 사람에게 절대로 돈 이야기를 꺼내지 말아라.
4. 필요 없는 물건은 사지 말아라.
5. 주위 사람과 자신을 비교하지 말아라.
6. 입은 은혜는 반드시 갚아라.
7. 모든 친구를 소중히 생각하여라.
8. 자기 자신부터 사랑하여라.
9. 모든 상황에서 인생을 즐기려고 노력하여라.

전 미국 대통령이었던 조지 부시의 어머니면서 영부인이었던 바버라 부시 여사의 '인격을 더 아름답게 만드는 9가지 비결'입니다. 믿음을 통한 변화는 인품과 성격, 삶의 행동과 목표에까지 모든 분야의 변화를 이끌어 줍니다.

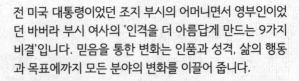

자녀와 부모 관계 건강법

뉴욕타임즈의 기자 제이 맥그러가 많은 가정을 인터뷰하고 정리한 것입니다.

01. 부모와 자녀의 역할에 분명한 경계를 세우라.
02. 자녀가 관심을 갖는 분야에 대해 알려고 노력하라.
03. 자녀를 책임감 있는 사람으로 키우라.
04. 자녀들의 이야기에 일단 경청하라.
05. 부모가 내린 결정을 자녀에게 이해시켜라.
06. 부모는 항상 자녀의 편이라는 것을 알려주라.
07. 자녀 세대의 문화를 이해하려고 하라.
08. 자녀와의 공동 관심사를 개발하라.
09. 원칙과 관용 사이의 유연성을 가져라.
10. 서로가 원하는 자녀의 모습에 대해서 깊게 나누라.

부모와 자녀 사이의 관계는 일방적인 문제가 아니라 쌍방의 문제입니다. 원활한 소통으로 하나님이 주신 큰 복을 누리고 귀한 재목으로 성장하는 자녀가 되도록 가정을 만드십시오.

차례

1일   대학 시험을 준비하며 하나님의 역사를 경험하게 하소서 *10*

2일   주님께서 원하는 대학과 학과를 잘 선택하게 하소서 *14*

3일   하나님의 은혜로 끝까지 어느 순간에도 건강을 지켜 주소서 *18*

4일   지치지 않고 공부에 집중 할 수 있게 하소서 *22*

5일   시험 당일 실수하지 않고 공부했던 것 이상으로 잘 풀게 하소서 *26*

6일   시간 분배 잘해서 시험문제를 잘 풀게 하소서 *32*

7일   주변의 큰 관심으로 인해 부담 느끼지 않게 하소서 *36*

8일   항상 하나님께 기도하고 하나님 말씀 읽으며 평안을 유지하게 하소서 *40*

9일   수능날 최상의 컨디션으로 최고의 성과를 내게 하소서 *44*

10일 어떤 과목도 주님의 도우심으로 실수하지 않게 하소서 *48*

11일 시간을 효율적으로 관리 할 수 있는 지혜를 주소서 *54*

12일 수능 준비를 방해하는 것들을 잘 제거하여 즐겁게 준비하게 하소서 *58*

13일 자신감을 갖고 담대하게 시험을 치를 수 있게 하소서 *62*

14일 공부하는 목적과 사람이 사는 목적을 깨닫게 하소서 *66*

15일 힘들 때 비관하지 않고 믿음으로 하나님을 찾게 하소서 *70*

16일 매주 주일마다 꼭 꼬박꼬박 교회에 가서 함께 예배하게 하소서 *76*

17일 긍정적인 생각과 높은 이해력으로 성적이 향상되게 하소서 *80*

18일 온유한 마음을 주셔서 주변사람들이 힘들지 않게 하소서 *84*

19일 좋은 선생님을 만나고 공부 계획을 잘 세워 실천하게 하소서 *88*

20일 매일매일 하나님과의 교제(Q.T.)를 꾸준히 하게 하소서 *92*

21일 좋은 시험 감독관을 만나 불이익을 보지 않게 하소서 *98*

22일 모르는 문제 답을 찍을 때 맞는 답을 찍게 하소서 *102*

23일 비교의식, 패배의식, 열등의식이 없게 하소서 *106*

24일 시험당일 생리현상에 문제없게 하소서 *110*

25일 생각과 논리를 주관하시어 국어 시험을 잘 치게 하소서 *114*

26일 유연한 사고로 수학 시험을 잘 치게 하소서 *120*

27일 지혜와 지식을 더하여 영어 시험을 잘 치게 하소서 *124*

28일 놀라운 집중력으로 한국사/탐구(사·과·직) 시험을 잘 치게 하소서 *128*

29일 탁월한 기억력으로 제2외국어/한문 시험을 잘 치게 하소서 *132*

30일 하나님이 지으신 목적들을 알아가게 하시고
대학에 입학해서도 신앙을 견고케 하소서 *136*

1일

대학 시험을
준비하며
하나님의 역사를
경험하게 하소서

기도하기 전 읽고 묵상할 성구

"여호와(하나님)는 나의 힘과 나의 방패시니 내 마음이 저를 의지하여 도움을 얻었도다 그러므로 내 마음이 크게 기뻐하며 내 노래로 저를 찬송하리로다"(시편 28:7)

The LORD is my strength and my shield; my heart trusts in him, and I am helped. My heart leaps for joy and I will give thanks to him in song.

저를 주님의 자녀로 삼으시기 위하여
십자가에서 모진 고난을 받으시고
돌아가신지 삼 일 만에 부활하신
구원의 주님을 송축합니다.

전지전능하신 능력의 주님,
오늘도 승리할 수 있는 말씀과 힘을 주심을
감사합니다.

우리 아이에게도 주님 안에서
행복한 하루가 되게 해주시고
아이의 삶에 주님의 역사하심이 있게 해주소서!
대입을 준비하는 과정에서
주님의 선하심과 역사하심,
복 주심을 체험하게 하시고,
자신의 목표를 향하여 하나씩 점검하고

준비하는 과정에서 그것이 주님의 도우심임을
깨닫고 기뻐하게 해주소서.

"너희 안에서 행하시는 이는 하나님이시니
자기의 기쁘신 뜻을 위하여 너희에게 소원을 두고
행하게 하시나니"(빌 2:13)라고 하신 주님,
부모로써 간절히 기도하며 아이를
하나님께 온전히 맡길 수 있는
믿음도 주소서.

오늘도 살아서 역사하시는
예수님의 이름으로 기도합니다. 아멘.

마음의 준비만이라도 되어 있으면
모든 준비는 완료된 것이다.
- 셰익스피어 -

2일

주님께서 원하는 대학과 학과를 잘 선택하게 하소서

기도하기 전 읽고 묵상할 성구

"여호와(하나님)께서 아브람에게 이르시되 너는… 내가 네게 보여 줄 땅으로 가라 내가 너로 큰 민족을 이루고 네게 복을 주어 네 이름을 창대하게 하리니 너는 복이 될지라"
(창세기 12:1,2)

The LORD had said to Abram, Leave your country, your people and your father's household and go to the land I will show you. I will make you into a great nation and I will bless you; I will make your name great, and you will be a blessing.

만복의 근원이신 주님,

영원한 생명을 주셔서 감사합니다.

우리 아이가 아브라함처럼

주님의 큰 복을 받아 누리게 하시고

다른 이들의 축복의 통로가 되게 하시며,

주님을 위해 원하는 대학과 학과를

미리 결정하게 하시고

그것에 합당한 노력을 하게 해주소서.

수능 점수에 맞춰서나, 혹은 다른 사람의 말에

혹해서 충동적으로 미래를 결정하지 않게

마음을 지켜주시고 미래에 대해서도

진지하게 생각하게 아이의 시야를 넓혀 주소서.

그리고 모든 일을 주님께 묻게 해주소서.

"진실로 너희에게 이르노니 무엇이든지

너희가 땅에서 매면 하늘에서도 매일 것이요
무엇이든지 땅에서 풀면 하늘에서도
풀리리니"(마 18:18)라고 말씀하신 주님,
순전한 판단력과 지혜로 주님이 원하는
학과를 잘 결정하게 하시고
주님의 인도하심을 믿게 해주소서.

아이의 삶에 주님의 은혜가 있기를 원합니다.
예수님의 이름으로 기도합니다. 아멘.

대체로 말하면 인생은
우리들이 선택하는 대로 되는 것이다.
- 월폴 -

3일

하나님의 은혜로
끝까지 어느 순간에도
건강을 지켜 주소서

기도하기 전 읽고 묵상할 성구

"내 아들아 내 말에 주의하며 내가 말하는 것에 네 귀를 기울이라 그것을 네 눈에서 떠나게 하지 말며 네 마음 속에 지키라 그것은 얻는 자에게 생명이 되며 그의 온 육체의 건강이 됨이니라"(잠언 4:20-22)

My son, pay attention to what I say; listen closely to my words. Do not let them out of your sight, keep them within your heart; for they are life to those who find them and health to a man's whole body.

우리의 생명을 파멸에서 구원해 주신
주님을 송축합니다.
"두려워 말라" "놀라지 말라"라고 말씀하시며
늘 함께 하시는 주님을 찬양합니다.

우리 아이의 모든 순간에도
함께 하여 주소서.
특히 대학입시를 앞둔 이때에 아이의
건강을 지켜주소서.

남은 시간 건강 문제로 시험 준비를
그르치는 일이 없게 하시고
고른 영양섭취와
숙면을 취하게 하시고,
몸의 모든 기능이 정상적이게 하시어
최고의 컨디션을 유지하게 해주소서.

그로 인해 질병이 없게 해주소서.

"너희가 기도할 때에 무엇이든지 믿고 구하는 것은

다 받으리라"(마 21:22)라고 약속하신 주님,

몸의 건강과 마음의 건강도 허락하셔서

언제나 긍정적인 마음을 갖게 하시고

모세와 같이 강건하고

여호수아와 같이 용감하게

언제나 주님 안에서 평안한 마음으로

살게 해주소서.

주님이 우리 아이의 소망이 되어 주소서.

늘 모든 필요를 알아 공급해주시는

예수님의 이름으로 기도합니다. 아멘

건강과 지성은 인생의 두 가지 복이다.
- 메난도루스 -

4일

지치지 않고
공부에 집중할 수 있게
하소서

기도하기 전 읽고 묵상할 성구

"내가 이미 얻었다 함도 아니요 온전히 이루었다 함도 아니라 오직 내가 그리스도 예수께 잡힌 바 된 그것을 잡으려고 달려가노라"(빌립보서 3:12)

Not that I have already obtained all this, or have already been made perfect, but I press on to take hold of that for which Christ Jesus took hold of me.

십자가의 엄청난 고통을 참으시면서까지
우리를 구원해 주시고
나의 강력한 힘이 되시는 주님,
이 시간 주님께 기도할 수 있게 하시니 감사하며
사랑하는 아이가 대학입시를 준비하면서
하루하루 기도하며 열심히 살아가게 해주소서.
오늘 하루도 아이의 삶을 붙들어 주소서.

대학입시까지 알찬 계획을 잘 세우게 하시고
지치지 않고 마지막까지
최선의 노력을 하게 해주소서.
"지금까지는 너희가 내 이름으로
아무것도 구하지 아니하였으나
구하라 그리하면 받으리니
너희 기쁨이 충만하리라"(요 16:24)라고
약속하신 주님,

힘들 때마다 주님을 바라보며 더욱 집중하게 하시고,
세상의 유혹에 넘어가지 않고
학업에 정진하게 해주소서.
그리하여 성실함을 배우게 하소서.

그 모든 과정을 통해 주님께 영광이 되게 하시고
모든 공부가 주님의 영광을 위한 것임을
알게 해주소서.

늘 우리의 기도를 응답해주시는
예수님의 이름으로 기도합니다. 아멘.

> 재주가 비상하고 뛰어나더라도
> 노력하지 않으면 쓸모없는 것이다.
> - 몽테뉴 -

5일

시험 당일 실수하지 않고
공부했던 것 이상으로
잘 풀게 하소서

기도하기 전 읽고 묵상할 성구

"내가 주를 의뢰하고 적진으로 달리며 내 하나님을 의지하고 성벽을 뛰어넘나이다"(사무엘하 22:30)

With your help I can advance against a troop; with my God I can scale a wall.

모든 죄를 용서해 주시며
모든 병을 고쳐주시는(시 103:3)
만왕의 왕이시며, 만주의 주가 되시고
결코 실수하지 않으시는 주님을 찬양합니다.

주님의 완전하심으로 주님의 자녀인 아이를
붙잡아 주시고,
오늘도 주어진 환경 속에서 충실히 공부하며
미래를 잘 준비하게 해주소서.
"그를 향하여 우리가 가진 바 담대함이 이것이니
그의 뜻대로 무엇을 구하면 들으심이라"(요일 5:14)라
고 말씀하신 주님,
주님의 말씀처럼 뱀같이 지혜롭고
비둘기같이 순결한 삶을 살 수 있도록
도와주소서.

또한 지금 열심히 준비한 것들을 시험 당일
실수하지 않도록 지켜주시고,
최상의 효과를 낼 수 있도록 도와주소서.
아이로 하여금 주님의 지혜를 구하게 하시고,
그로 인해 얻는 영광과 기쁨을
하나님께 돌리게 하시고,
주님의 말씀이 아이의 길에 빛이 되게 해주소서.
모든 과정에 함께 하셔서 실수가 없게 하소서.

이 모든 것을 후히 넘치게 안겨 주시는
예수님의 이름으로 기도합니다. 아멘.

조급한 마음은 운명을 거스르는
치명적인 실수를 초래할 수 있다.
- 그라시안 -

수험생 자녀를 둔 부모가 가질 지혜

"여호와(하나님)께서 집을 세우지 아니하시면
세우는 자의 수고가 헛되며 여호와(하나님)께서 성을 지키지 아니하시면
파수꾼의 깨어 있음이 헛되도다"(시편 127:1)

수험생 자녀를 둔 부모님께 필요한 지혜입니다.

① 자녀를 위해 기도하십시오.
　　부모의 기도 지원을 받고 자란 자녀는 어떤 위기를 만나도
　　당황하지 않습니다.

② 화목한 가정의 모습을 보여주십시오.
　　가족의 화합은 수험생에게 마음의 안정을 가져다줍니다.

③ 밝은 분위기를 만들어주십시오.
　　좋은 유머나 긍정적인 이야기(인터넷에 자료 많음)를 준비해 나누십시오.
　　가벼운 대화는 가장 좋은 신경안정제입니다.

④ 잡다한 일에 신경 쓰지 않게 해주십시오.
　　관심거리가 많으면 그만큼 걱정거리도 많습니다.

⑤ 시간 관리의 중요성을 일깨워주십시오.
　　성공한 사람들은 모두 시간을 잘 관리하는 시간 디자이너였습니다.

⑥ 하나님께서 항상 함께하신다는 믿음을 갖게 하십시오.
　　믿음은 역경을 만날 때 강한 용기와 자신감을 심어줍니다.

믿음으로 담대하고 자신감이 넘치는 수험생이 될 수 있도록 이 책에 인용된 성경 말씀을 암송하며, 서로 나누며 기도하면, 큰 용기가 생길 것입니다.
기도하십시오.

실천 사항 점검

지난 5일 동안 자녀의 특이사항, 실천한 일을 적어보세요.

자녀의 특이사항	자녀를 위해 실천한 일

6일

시간 분배 잘해서
시험문제를 잘 풀게 하소서

기도하기 전 읽고 묵상할 성구

"지혜를 얻은 자와 명철을 얻은 자는 복이 있나니 이는 지혜를 얻는 것이 은을 얻는 것보다 낫고 그 이익이 정금보다 나음이니라 지혜는 진주보다 귀하니 네가 사모하는 모든 것으로도 이에 비교할 수 없도다"(잠언 3:13-15)

Blessed is the man who finds wisdom, the man who gains understanding, for she is more profitable than silver and yields better returns than gold. She is more precious than rubies; nothing you desire can compare with her.

우리를 귀한 생명을 주시기까지 사랑하시며
사랑으로 우리를 늘 보살펴 주시는 주님,

대학입시를 앞두고 공부하는 우리 아이가
오늘도 주님의 사랑 안에서 감사하는 마음으로
여유롭지만 성실히 공부하게 하시고, 그의 삶을
주님이 주시는 지혜와 명철로 채워주소서.

아울러 공부할 때도 주어진 시간 안에
문제를 잘 풀 수 있도록
시간 분배를 잘 할 수 있는 지혜를 주소서.
여리고성 전투 때와 같은 체계적인
시간 분배를 하게 하소서.

주님의 은혜로 인하여 믿음으로 말미암아
구원을 받았기에,

우리를 의롭다고 칭해주시는 주님,
"의인의 간구는 역사하는 힘이 많으니라"(약 5:16)라는
말씀을 의지하여 기도할 수 있게 되어 감사합니다.

매사에 당황하지 않고 침착하게 시험에
임할 수 있게 생각과 마음을 준비시켜 주시고,
주님께서 이스라엘 백성들에게
낮에는 구름기둥으로, 밤에는 불기둥으로
인도하신 것 같이 우리 아이도
한 걸음 한 걸음 승리하게 인도하여 주소서.

우리의 삶에 빛과 등불이 되시는
예수님의 이름으로 기도합니다. 아멘.

위급한 때일수록
힘보다는 지혜가 필요하다.
-이솝-

7일

주변의 큰 관심으로 인해
부담 느끼지 않게 하소서

기도하기 전 읽고 묵상할 성구

"이제 내가 사람들에게 좋게 하랴 하나님께 좋게 하랴 사람들에게 기쁨을 구하랴 내가 지금까지 사람들의 기쁨을 구하였다면 그리스도의 종이 아니니라"(갈라디아서 1:10)

Am I now trying to win the approval of men, or of God? Or am I trying to please men? If I were still trying to please men, I would not be a servant of Christ.

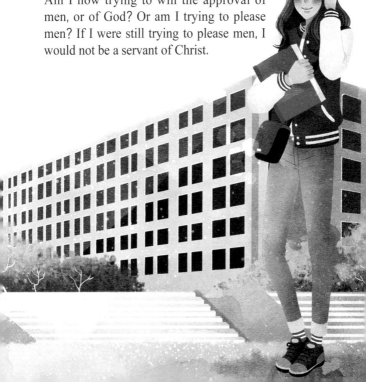

하늘의 영광을 버리고 이 땅에 오시어
십자가의 고통을 받으며 흘리신 보혈로
모든 죄를 용서해주시고
언제나 쉴만한 물가와 푸른 초장으로
선하게 인도하심을 감사하며 경배합니다.

매일의 시작과 마침을 주님과 함께 하기를 소원하며
주님의 선한 인도를 앙망합니다.
날마다 시험을 준비하며 사는 우리 **아이**의
힘든 마음을 위로하여 주소서.

"너희가 얻지 못함은 구하지 아니하기 때문이요"
(약 4:2)라고 말씀하신 주님,
아이가 특히 주변 사람들로 인해 부담감을
갖지 않게 하시고,

학교에서 만나는 친구들과의 경쟁 속에서나
가르치는 선생님들로 인해 스스로에 대한
자신감이 낮아지거나
현재의 성적으로 힘들어하지 않게 하시고,
또한 가족들의 관심이 오히려
부담이 되지 않도록 주님께서 늘 평안한 마음과
여유로운 마음을 주소서.
평안으로 시험 준비를 잘 하게 도와주소서.

세상이 줄 수 없는 큰 평안을 주시는
예수님의 이름으로 기도합니다. 아멘.

인간은 운명의 포로가 아니라
자신의 정신에 딸린 포로이다.
- 프랭클린 루스벨트 -

8일

항상
하나님께 기도하고
하나님 말씀 읽으며
평안을 유지하게 하소서

"아무 것도 염려하지 말고 다만 모든 일에 기도와 간구로, 너희 구할 것을 감사함으로 하나님께 아뢰라 그리하면 모든 지각에 뛰어난 하나님의 평강이 그리스도 예수 안에서 너희 마음과 생각을 지키시리라"(빌립보서 4:6,7)

Do not be anxious about anything, but in everything, by prayer and petition, with thanksgiving, present your requests to God. And the peace of God, which transcends all understanding, will guard your hearts and your minds in Christ Jesus.

우리를 구원하기 위해 하늘의 영광을 버리시고
이 땅에 오셔서 목숨까지 버리신
선한 목자되신 주님을 찬양합니다.
우리를 푸른 초장, 쉴만한 물가로 인도하시어
영육을 풍성케 하심을 기뻐하며 감사합니다.

아이가 평생을 주님을 따라 살게 지켜주시고,
아이의 갈 길을 인도하사 주님의 도우심으로
언제나 흔들리지 않고,
주님의 자녀 된 삶을 살아가도록 해주소서.

"너는 내게 부르짖으라 내가 네게 응답하겠고
네가 알지 못하는 크고 은밀한 일을 네게
보이리라"(렘 33:3)라는 놀라운 약속을 주신 주님,
"항상 기뻐하라,
쉬지 말고 기도하라,

범사에 감사하라"(살후 3:16-18)라는 주님의 말씀을
늘 가슴에 새기며 학교생활에 전념하고,
아이가 주위에 일들로 인해
유혹에 넘어가지 않게 해주소서.

주님이 친히 아이를 보호해 주시고
승리하게 하소서.
그리하여 언제나 흔들림 없고 변함없는
주님의 사랑 안에 거하는 아이가 되게 하소서.

우리의 기도를 응답해주시며 큰 일을 이뤄주시는
예수님의 이름으로 기도합니다. 아멘.

그리스도를 굳게 믿는 그 특성이
평온한 삶을 사는 열쇠이다.
- F.B. 마이어 -

9일

수능날 최상의 컨디션으로 최고의 성과를 내게 하소서

"피곤한 자에게는 능력을 주시며 무능한 자에게는 힘을 더 하시나니"(이사야 40:29)

He gives strength to the weary and increases the power of the weak.

우주 만물을 창조하신 위대한 주님,
저에게 주님의 크신 뜻이 있음을 믿으며
주님의 전지전능하신 능력을 우리에게 주시어
날마다 은혜를 더하여 주심을 송축합니다.

아이에게 주님의 놀랍고 크신 사랑이 함께하고
매일 더 큰 은혜와 강건함을 주소서.
경쟁의 순간에 엘리야가
"너희는 너희 신의 이름을 부르라
나는 여호와(하나님)의 이름을 부르리니
이에 불로 응답하는 신 그가 하나님이니라"
(왕상 18:24)라고 담대히 선포한 것처럼
오늘도 믿음으로 승리를 선포합니다.

다윗이 어디를 가든 이기게 하셨듯이
아이가 공부를 하며 만나는 어려움들을

두려워하지 않으며 담대하게 이겨내게 하시고,
지혜와 명철을 더하사 공부하는 것마다
잘 이해하며 깨달을 수 있도록 해주소서.

또한 수능 당일 최고의 컨디션으로
최고의 성과를 내게 하셔서 시험 준비하는 과정과
그 모든 것을 통하여 주님께 영광 돌리는
아이가 되게 해주실 줄 믿습니다.
늘 **아이**의 마음에 평안을 주소서.

아이의 하루하루를 인도하여 주실 줄 믿으며
살아계신 예수님의 이름으로 기도합니다. 아멘.

성공은 밤낮없이 거듭되었던
작고도 작은 노력들이 한데 모인 것이다.
- 존 코맥넬 -

어떤 과목도
주님의 도우심으로
실수하지 않게 하소서

어떤 과목도
주님의 도우심으로
실수하지 않게 하소서

기도하기 전 읽고 묵상할 성구

"여호와(하나님)께서 너를 실족하지 아니하게 하시며 너를 지키시는 이가 졸지 아니하시리로다"(시편 121:3)

He will not let your foot slip-- he who watches over you will not slumber;

모든 필요를 풍성하게 채우시는 주님,
넉넉히 이기게 하시는 주님을 찬양합니다.

일마다 때마다 평강을 주시며,
만사에 적합한 시기를 따라
오늘도 선한 것으로 응답하시며
모든 필요를 넘치게 채우시는 주님께 간구합니다.

아이가 하나님을 소망하면서
언제나 주님을 찬송하며 주어진 환경에
감사하는 자녀가 되게 하소서.
주님 안에서 모든 것이 협력하여
선을 이룸을 알게 하시고, 아이가 약한 과목이나
강한 과목이나 그것들을 공부하면서
하나님의 뜻이 있음을 깨닫게 해주소서.

특별히 수능 준비를 하며 아이가
자신 있어 하는 과목에서 실수하지 않게 하시고,
그 과목의 자신감을 바탕으로 약한 과목도
잘 준비하고 풀어나가게 해주소서.

실수하지 않으시는 주님께서 아이가
실수하지 않고 온전히 실력 발휘를 할 수 있도록
인도하여 주시고, 모든 결과는 주님께 맡기고
기도하며 준비하는 아이가 되게 해주소서.

우리의 연약함을 강하게 하심을 감사하며
예수님의 이름으로 기도합니다. 아멘.

> 정신이야말로 최고의 재판관이며
> 가장 신성한 곳이다.
> - 마누 -

진정한 잠재력

 몇 년 전 타임스지에서 선정한 '세계에서 가장 영향력 있는 100인'에 선정된 래리 곽 박사님은 뛰어난 자녀교육으로도 매우 유명한 분입니다.

세 명의 아들과 막내딸을 포함한 4명의 자녀를 모두 미국의 명문대에 진학시켰기 때문입니다. 그래서 이 사실을 아는 많은 사람은 박사님에게 자녀교육의 비법에 대해서 물었는데 그때마다 박사님은 다음과 같이 답변했습니다.

"공부도 물론 중요하지만, 하나님을 믿게 하는 것이 더욱 중요합니다. 그리고 좋은 대학에 가는 것보다는 아이의 잠재력을 키워주는 것이 더 좋은 일입니다."

하나님을 믿어 알게 하고, 자신의 관심 분야를 개발할 수 있는 터전을 마련해 주었더니 아이들이 스스로 자기 하고 싶은 일을 찾아서 좋은 결과가 나왔다는 설명이었습니다.

모든 아이가 다 명문대에 갈 수 없듯이 공부를 잘하는 것보다는 하나님이 주신 잠재력을 찾는 것이 더욱 중요하다고 박사님은 말했습니다. 그리고 성적에 너무 집중하지 말고 매일 5분이라도 자녀와 자연스럽게 함께 하는 시간을 갖고 신앙의 중요성을 꾸준히 알려주며, 공부뿐 아니라 운동과 악기, 예술 활동도 신경을 써주는 것이 명문대를 보내는 것보다 더 좋은 자녀 비법이라고 덧붙였습니다.

하나님을 알고, 하나님을 위한 삶을 사는 것보다 더 큰 축복은 없습니다. 좋은 대학과 성공은 결코 믿음의 목적이 될 수 없습니다. 세상이 추구하는 목표와 성공에 한눈을 팔지 말고 믿음과 신앙을 기반으로 한 하나님이 주신 잠재력을 바라보십시오.

실천 사항 점검

지난 10일 동안 자녀의 특이사항, 실천한 일을 적어보세요.

자녀의 특이사항	자녀를 위해 실천한 일

11일

시간을 효율적으로
관리할 수 있는
지혜를 주소서

기도하기 전 읽고 묵상할 성구

"너희 중에 누구든지 지혜가 부족하거든 모든 사람에게 후히 주시고 꾸짖지 아니하시는 하나님께 구하라 그리하면 주시리라"(야고보서 1:5)

If any of you lacks wisdom, he should ask God, who gives generously to all without finding fault, and it will be given to him.

주님께서 십자가에서 흘리신 보혈로
모든 죄를 용서해 주시고
영원한 생명을 주신 주님을 찬양합니다.
아이도 매일 주님을 찬양하게 하시고,
주어진 것에 감사하는 마음을 갖게 해주소서.

우리를 늘 푸른 초장과 쉴만한 물가로
인도하여 주시는 주님.
"환난 날에 나를 부르라 내가 너를 건지리니
네가 나를 영화롭게 하리로다"(시 50:15)라는
귀하고 귀한 약속의 말씀을 주신 주님,
인생에서 아주 중요하고 어려운
선택의 기로에 섰을 때, 우리가 힘써야 할
최선의 노력은 기도라는 것을 깨닫습니다.

아이가 시간을 잘 관리하고 공부하는 시간만큼

쉬는 시간도 적당히 안배하여
컨디션도 최상으로 유지하게 해주소서.
아이가 주님 안에서 평강을 누리므로
수능시험 문제를 잘 풀어나갈 수 있도록
도와주시고 인도하여 주소서.

수능 준비 중 쌓이는 스트레스를 이기게 하시고
주님의 평안을 누리며 마음의 안정을 갖고
내일 일을 염려하지 않게 해주소서.

시간을 잘 활용할 줄 아는 지혜를 주시는
예수님의 이름으로 기도합니다. 아멘.

시간을 잘 붙잡는 사람은
모든 것을 얻을 수 있다.
- 이즈레일리 -

12_일

수능 준비를 방해하는 것들을
잘 제거하여
즐겁게 준비하게 하소서

기도하기 전 읽고 묵상할 성구

"이기기를 다투는 자마다 모든 일에 절제하나니 그들은 썩을 승리자의 관을 얻고자 하되 우리는 썩지 아니할 것을 얻고자 하노라"(고린도전서 9:25)

Everyone who competes in the games goes into strict training. They do it to get a crown that will not last; but we do it to get a crown that will last forever.

영원부터 영원까지 영광받기 합당하신
만복의 근원이 되시는 사랑의 주님,
오늘도 주님과 함께 시작합니다.

"구하라 그리하면 너희에게 주실 것이요
찾으라 그리하면 찾아낼 것이요
문을 두드리라 그리하면 너희에게 열릴 것이니"
(마 7:7)라는 말씀에 의지하여 오늘도 간구합니다.

아이가 시험의 압박으로 인해
긴장하지 않게 해주시고,
또한 그 긴장을 해소하기 위해서
다른 잘못된 유혹들에 빠지지 않게 하시고,
TV와 컴퓨터, 친구들과 만나는 시간들을
균형 있게 사용할 수 있도록 인도하여 주소서.

아이의 마음에 평안과 질서를 허락해 주소서.
그리고 아이에게 "강하고 담대하라
내가 너와 함께 함이니라"라고 말씀하신
주님의 말씀을 믿으며 잘 이겨 나갈 수 있는
강건한 마음을 주소서.
모든 일을 절제하고 인내하게 하소서.
오늘도 공부를 방해하며 찾아오는 많은 유혹들을
아이가 이길 수 있게 해주실 줄 믿습니다.

우리를 모든 환난에서 이기게 하시는
예수님의 이름으로 기도합니다. 아멘.

> 완전은 하늘의 척도이며,
> 완전하려는 희망은 인간의 척도이다.
> - 괴테 -

13일

자신감을 갖고
담대하게 시험을
치를 수 있게 하소서

기도하기 전 읽고 묵상할 성구

"두려워하지 말라 내가 너와 함께 함이라 놀라지 말라 나는 네 하나님이 됨이라 내가 너를 굳세게 하리라 참으로 너를 도와 주리라 참으로 나의 의로운 오른손으로 너를 붙들리라"(이사야 41:10)

So do not fear, for I am with you; do not be dismayed, for I am your God. I will strengthen you and help you; I will uphold you with my righteous right hand.

우리의 구원주이신 주님,

주님의 이름이, 영광이, 하늘을 덮었습니다.

주님의 사랑과 능력과 권능을 송축합니다.

하루도 헛되이 보내지 않으셨던 주님,

지금도 살아 역사하시는 주님을 찬양합니다.

"모든 기도와 간구를 하되 항상 성령 안에서

기도하고 이를 위하여 깨어 구하기를

항상 힘쓰며 여러 성도를 위하여 구하라"(엡 6:18)라는

말씀의 교훈에 따라 주님의 택한 자녀인

우리 아이를 위해 기도합니다.

아이도 주님이 주신 지혜로 시험 준비를

철저히 하면서 모든 일을 계획한 대로 실천해

후회 없게 해주소서.

최선을 다함으로 주님이 주시는 담대함을 통해

어느 환경에서도 자신감을 잃지 않고

시험을 잘 치를 수 있도록 해주소서.

주님이 기드온에게 말씀하신 것처럼

주님의 이름으로 승리하게 해주소서.

주님의 능력으로 아이를 보호해 주소서.

아이의 마음과 생각을 지켜주시고,

여호와닛시의 하나님을

경험하게 해주실 줄 믿습니다.

아이의 보호자가 되시며 사랑이 많으신

예수님의 이름으로 기도합니다. 아멘.

오늘 할 수 있는 일에 전력을 다하라.
그러면 내일에는 한 걸음 더 진보한다.
- 뉴턴 -

14일

공부하는 목적과
사람이 사는 목적을
깨닫게 하소서

기도하기 전 읽고 묵상할 성구

"이 백성은 내가 나를 위하여 지었나니 나를 찬송하게 하려
함이니라"(이사야 43:21)

The people I formed for myself that they may
proclaim my praise.

우리의 생사화복을 주관하시는 참 좋으신 주님,
언제나 우리에게 좋은 것으로
소원을 이루어 주심을(시 103:5) 찬양합니다.

"그의 성호를 자랑하라 여호와 하나님을
구하는 자마다 마음이 즐거울지로다"(대상 16:10)라고
하신 말씀의 명령 따라 오늘도 주님의
거룩하신 이름을 자랑하며 주님께 간구합니다.
아이가 먹든지 마시든지, 무엇을 하든지
주님의 영광을 위해서 하게 해주소서.
공부하는 것도 주님의 영광을 위해 하게 해주소서.

아이를 향한 주님의 목적이 무엇인지 깨닫게 하시고,
당장은 공부가 힘들고 괴로울 수 있지만
이 힘든 과정을 이겨내고 승리할 때
주님이 영광 받으시고 우리에게도

기쁨이 된다는 것을 알게 해주소서.
분명한 목적을 갖고 공부하게 해주소서.

어려서부터 지금까지 늘 지켜주셨던 주님,
이후에도 눈동자처럼 보호하시고 지켜주실 주님,
주님께 영광 돌리는 아이가 되며,
목적있는 삶을 살게 아이의 삶을 인도하소서.
그리고 사회생활할 때 선한 영향력을 끼치는
글로벌 리더가 되어 주님께 영광 돌리게 하소서,

우리의 삶의 주관자이시며 주권자이신
예수님의 이름으로 기도합니다. 아멘.

> 너의 길을 걸어가라.
> 사람들이 무어라 떠들든 내버려 두어라.
> – A. 단테 –

15일

힘들 때 비관하지 않고 믿음으로 하나님을 찾게 하소서

기도하기 전 읽고 묵상할 성구

"내 영혼아 네가 어찌하여 낙심하며 어찌하여 내 속에서 불안해 하는가 너는 하나님께 소망을 두라 그가 나타나 도우심으로 말미암아 내가 여전히 찬송하리로다"(시편 42:5)

Why are you downcast, O my soul? Why so disturbed within me? Put your hope in God, for I will yet praise him, my Savior and

우리를 수시로 공격하는 사탄의 세력을
완전히 물리쳐주시는 능력의 주님!
영광과 권세와 능력이 주님께 세세토록 있음을
찬양하며, 경배하며, 송축합니다.

아이가 공부로 인해 몸과 마음이 지칠 때
그때마다 비관하지 않고
하나님을 먼저 찾는 믿음을 갖게 해주소서.
주님의 도움을 구하는 자가 누리는
행복과 큰 복을 알려 주소서.

"내게 구하라 내가 이방 나라를 네 유업으로
주리니 네 소유가 땅 끝까지 이르리로다"(시 2:8)라고
말씀하시며 큰 힘을 주시는 주님!
주님의 도우심으로 몸과 영혼이 회복되어
다시 공부에 전념하고 대입의 관문을

무사히 잘 통과해 비전을 이루게 하시고
주님의 사랑을 널리널리 전하게 해주소서.
주님을 의지함으로 승리하게 해주소서.

아이가 수능 날까지 믿음으로 기도하게 하시고
암탉이 병아리를 가슴 깊이 품어 주듯이
주님께서 아이를 늘 주님의 품에 안아주시고,
보호자가 되심을 기억하게 해주소서.

우리의 생사화복을 주관하시는
예수님의 이름으로 기도합니다. 아멘.

"만일 누가 믿음을 잃었다면,
그에게는 의지하고 살 수 있는 무엇이 남았는가?"
- 로저 베이컨-

아이들은 배운다

세계적으로 유명한 육아컨설턴트이자 교사인 도로시 로 놀테 여사가 자녀를 키우는 부모들을 위해 지은 시 '아이들은 그들의 삶을 통해 배운다 (Children Learn What They Live)'입니다.

"꾸지람 받으며 자란 아이들은 비난하는 것을 배우고
미움받으며 자란 아이들은 싸움을 배우고
두려움 속에 자란 아이들은 근심을 배우고
칭찬받으며 자란 아이들은 자신감을 배우고
너그러움 속에 자란 아이들은 인내심을 배우고
격려 받으며 자란 아이들은 고마워하는 것을 배우고
사랑받으며 자란 아이들은 사랑을 배우고
정직함 속에 자란 아이들은 진실된 삶을 배우고
공정한 대우를 받으며 자란 아이들은 정의를 배우고
친절함 속에 자란 아이들은 남을 존중하는 법을 배우고
다정함 속에 자란 아이들은 세상이 살기 좋은 곳임을 배운다."

이 짧은 시가 담긴 책은 무려 수십 개의 언어로 번역되어 세계 여러 나라에서 자녀를 키우는 부모님들의 지침으로 사용되고 있습니다.
미래의 희망인 우리 아이들에게 좋은 성품과 가치, 그리고 신앙을 실천하는 모습으로 가르치고 또 격려해 주십시오.

실천 사항 점검

지난 15일 동안 자녀의 특이사항, 실천한 일을 적어보세요.

자녀의 특이사항	자녀를 위해 실천한 일

16일

매주 주일마다
꼬박꼬박 교회에 가서
함께 예배하게 하소서

"아버지께 참되게 예배하는 자들은 영과 진리로 예배할 때가 오나니 곧 이 때라 아버지께서는 자기에게 이렇게 예배하는 자들을 찾으시느니라 하나님은 영이시니 예배하는 자가 영과 진리로 예배할지니라"(요한복음 4:23,24)

Yet a time is coming and has now come when the true worshipers will worship the Father in spirit and truth, for they are the kind of worshipers the Father seeks. God is spirit, and his worshipers must worship in spirit and in truth.

우리를 위해 생명을 주신 선한 목자 되시는 주님,
우리가 사망의 음침한 골짜기를 다닐 때에도
주님께서 함께하시어 해받지 않게 하시며
매일 우리에게 새로운 기쁨을 주시는 주님께
감사와 영광과 찬송을 드립니다.

우리 삶 속에 많은 기쁨들이 있지만 그중에서도
예배의 기쁨을 아이가 알 수 있게 하여주시고,
수능시험 때문에 마음이 조급할 수 있겠지만
그럼에도 불구하고 아이가 주일 예배를
반드시 참석하게 하시고
그로인해 마음의 안식과 기쁨과 소망과
새로운 힘을 얻게 해주소서.

"봄비가 올 때에 여호와(하나님) 곧 구름을 일게 하시는
여호와(하나님)께 비를 구하라 무리에게 소낙비를

내려서 밭의 채소를 각 사람에게 주시리라"(슥 10:1)라고
약속하신 주님께 간구합니다.

모든 일을 먼저 주님께 의지해야 함을
아이가 알게 하시고, 바쁜 일상 속에도 주일을
지키는 것이 모든 일에 더 큰 도움이 된다는 것을
아이가 알고 믿고 행동하게 해주소서.
믿음으로 다른 사람들에게 영향력을 줄 수 있는
주님의 자녀가 되게 하시고,
예배 중심의 삶을 살게 해주소서.

우리의 창조주이시며 구세주이신
예수님의 이름으로 기도합니다. 아멘.

하나님의 약속은 진실하고,
능력 있고, 영원하고, 불변하다.
- C.H. 스펄전 -

17일

긍정적인 생각과
높은 이해력으로
성적이 향상되게 하소서

"여호와(하나님)를 찬송함이여 내 간구하는 소리를 들으심이로다 여호와(하나님)는 나의 힘과 나의 방패이시니 내 마음이 그를 의지하여 도움을 얻었도다 그러므로 내 마음이 크게 기뻐하며 내 노래로 그를 찬송하리로다"(시편 28:6,7)

Praise be to the LORD, for he has heard my cry for mercy. The LORD is my strength and my shield; my heart trusts in him, and I am helped. My heart leaps for joy and I will give thanks to him in song.

나의 힘과 방패가 되시며
생사화복을 주관하시는 주님,
주님의 전지전능하심을 찬송합니다.

우리의 모든 생각과 행동을 주관하시는 주님,
사람들은 살면서 많은 생각들을 하고
그 생각은 우리의 삶에 영향을 미칩니다.
"내가 너희에게 말하노니
비록 벗 됨으로 인하여서는 일어나서
주지 아니할지라도 그 간청함을 인하여 일어나
그 요구대로 주리라"(눅 11:8)라는 말씀에 의지하여
오늘도 간청합니다.

주님, 우리 아이가 언제나 긍정적으로 생각하게
도와주시고,
수능을 두려워하지 않게 해주소서.

언제나 어디서나 주님이 함께 하심을 믿게 하소서.
또한 다른 친구들이 실패하길 바라는 마음으로
공부하지 않고,
주님께서 반드시 좋은 곳으로 인도하실 것이라는
믿음을 갖고, 다른 친구들을 축복하며
공부에 집중하게 해주소서.

모든 것이 형통할 것임을 믿고, 하나님의 말씀을
의지하며 공부에 집중하게 도와주시고,
아이에게 주님이 주시는 평안을 허락해 주소서.

언제나 우리를 눈동자처럼 지켜주시는
예수님의 이름으로 기도합니다. 아멘.

성공의 비결은 전 생애를 통하여
소망을 잃지 않는데 있다.
- A. 슈바이처 -

18일

온유한 마음을 주셔서
주변 사람들이
힘들지 않게 하소서

기도하기 전 읽고 묵상할 성구

"그러나 온유한 자들은 땅을 차지하며 풍성한 화평으로 즐거워하리로다"(시편 37:11)

But the meek will inherit the land and enjoy great peace.

우리를 생명까지 주시고 섬기시며,
우리에게 섬김을 가르쳐주시는 주님,
모든 찬양과 경배를 드립니다.

언제나 이웃을 사랑하는 삶을 사신
주님의 마음을 우리 아이가 본받게 해주소서.
또한 다윗의 입을 통해 인생 성공과 승리의 원칙을
명백하게 알려 주시며,
"부와 귀가 주께로 말미암고 또 주는
만물의 주재가 되사 손에 권세와 능력이 있사오니
모든 사람을 크게 하심과 강하게 하심이 주의 손에
있나이다"(대상 29:12)라고 말씀하신 주님,

먼저 아이의 마음에 주님의 평안을 주소서!
그래서 압박감으로 신경이 예민해지지 않도록
도와주시고 자신의 불편한 마음으로 인해

가족과 주위 친구들, 학교 선생님들에게
짜증과 투정을 부리지 않도록 도와주소서.

모든 것을 포용할 수 있는 마음을 주소서.
아이가 사람들 사이에 생기는 갈등을
해소하는 피스메이커가 되게 해주소서.
주님이 주시는 평안으로 마음의 여유를
갖게 해주소서!

온유와 겸손의 복을 가르쳐주시는
예수님의 이름으로 기도합니다. 아멘.

내 마음 외에 바뀌어야 할 것은 없다.
- 드 코사드 -

19 일

좋은 선생님을 만나고
공부 계획을 잘 세워
실천하게 하소서

"제자가 그 선생보다 높지 못하나 무릇 온전하게 된 자는
그 선생과 같으리라"(누가복음 6:40)

A student is not above his teacher, but everyone who
is fully trained will be like his teacher.

주님을 기뻐하고 즐거워하며
지존하신 주님의 이름을 찬송합니다.
어느 때나 어느 곳에서나 함께 계시는 주님의 은혜
와 능력을 감사하며 경배합니다.

우리가 힘들 때나 기쁠 때 언제나 함께하심을
감사드리며, 주님이 함께 하심을 아이가 알고
자신의 삶에서 직접 체험하게 해주소서.

온갖 좋은 은사와 온전한 선물을 주시는 주님께서
이르시기를 "그래도… 이같이 자기들에게
이루어 주기를 내게 구하여야 할지라"(겔 36:37)라고
하셨으니 오늘도 쉬지 않고 기도합니다.

주님, 과도한 계획을 세우는 것보다는
효과적인 방법으로 공부 전략을 세우게 하시고

주님께서 늘 함께하신다는 것을 믿게 해주소서.

말의 응답이 주님께 있음을 기억하며
늘 주님께 기도하며 주님을 의지하게 해주소서.
그래서 매일 새로운 마음으로 계획을 실천할 때
주님의 인도하심을 체험하게 해주소서.

주님이 천지를 질서있게 운행하시듯이
아이의 공부 계획에도 질서를 세워 주소서.

주님의 이름을 위하여 의의 길로 인도하시는
예수님의 이름으로 기도합니다. 아멘.

결코 하지 않는 것보다
늦게나마 하는 것이 낫다.
- 리비우스 -

20일

매일매일
하나님과의 교제(Q.T.)를
꾸준히 하게 하소서

기도하기 전 읽고 묵상할 성구

"오직 여호와(하나님)를 앙망하는 자는 새 힘을 얻으리니 독수리가 날개치며 올라감 같을 것이요 달음박질하여도 곤비하지 아니하겠고 걸어가도 피곤하지 아니하리로다"(이사야 40:31)

But those who hope in the LORD will renew their strength. They will soar on wings like eagles; they will run and not grow weary, they will walk and not be faint.

"여호와(하나님)의 인자와 긍휼이 무궁하시므로 우리가 진멸되지 아니함이니이다 이것들이 아침마다 새로우니 주의 성실하심이 크시도소이다"(예레미야애가 3:22,23)

"Because of the LORD's great love we are not consumed, for his compassions never fail. They are new every morning; great is your faithfulness."

죄로 인해 하나님과 원수 되었던 우리를
주님의 보배로운 피로 모든 죄 용서하시고
하나님의 자녀되게 하심을 경배합니다.

생사화복을 주관하시는 주님,
우리 아이도 주님의 마음을 알게 하시고
"마음의 경영은 사람에게 있어도 말의 응답은
여호와(하나님)께로부터 나오느니라"(잠 16:1)라고
하셨으니 삶에서 그 무엇보다 우선순위는
주님과 말씀의 교훈임을 마음에 새기게 하소서.

아이가 비록 바쁘게 공부하러 나가야 하지만
잠깐이라도 주님의 말씀을 묵상하고 기도하며
하루를 시작할 수 있게 하소서.
매일 경건 시간을 챙기게 하소서.
매과목, 매시간 공부하기 전에 언제나 먼저

기도한 후에 공부에 집중하게 하시고,
공부도 수능도 중요하지만 그 무엇보다
주님과의 교제가 가장 중요함을
아이가 깨닫게 해주소서.

말씀을 통해 힘을 얻게 하시고
말씀을 통해 주님의 음성을 듣게 해주소서.
늘 행복한 하루하루를 보낼 수 있게 하시고
주님의 약속을 믿고 담대하고 당당하게 해주소서.

언제나 변함없이 우리를 사랑하시는
예수님의 이름으로 기도합니다. 아멘.

인간은 받은 것은 기억하지만
그것을 준 사람은 금방 잊어버린다.
- 콩그리브 -

훌륭한 인격을 만드는 7가지

'성장심리학'에 나오는 듀예인 슐츠 박사의 '인격을 한 단계 높여주는 7가지 기준'입니다.

1. 자기 자신만을 아는 생각에서 벗어나는 것 다양한 영역에서의 활동으로 나를 넘어선 우리를 넘어선 세계에 대한 생각을 해야 합니다.

2. 일상의 관계를 따뜻하게 유지하는 것 좋은 인격을 가진 사람은 가까운 사람과의 관계부터 좋습니다.

3. 정서적인 어려움을 극복하는 것 안정감이란 어려움이 존재하지 않는 것이 아니라 어려움을 극복하는 것입니다.

4. 현실을 객관적으로 바라보는 것 비관적이나 낙관적으로 보지 않고 객관적으로 보는 시각이 필요합니다.

5. 일상의 영역에 집중하는 것 당장 살아가기에 필요한 일에 집중하는 사람은 책임감이 출중한 사람입니다.

6. 나 자신을 객관적으로 바라보는 능력 지금 나의 위치를 알아야 내가 원하는 나까지의 거리를 알 수 있습니다.

7. 삶에 일관성을 줄 수 있는 분명한 목표 미래지향적이고 삶의 의미를 부여할 수 있는 목표가 일관성을 부여합니다.

실천 사항 점검

지난 20일 동안 자녀의 특이사항, 실천한 일을 적어보세요.

자녀의 특이사항	자녀를 위해 실천한 일

21 일

좋은 시험 감독관을 만나 불이익을 보지 않게 하소서

기도하기 전 읽고 묵상할 성구

"여호와(하나님)께서 요셉과 함께 하시고 그에게 인자를 더하사 간수장에게 은혜를 받게 하시매"(창세기 39:21)

the LORD was with him; he showed him kindness and granted him favor in the eyes of the prison warden.

"주여 구하오니 귀를 기울이사 종의 기도와 주의 이름을 경외하기를 기뻐하는 종들의 기도를 들으시고 오늘 종이 형통하여 이 사람들 앞에서 은혜를 입게 하옵소서 하였나니…"(느헤미야 1:11)

O Lord, let your ear be attentive to the prayer of this your servant and to the prayer of your servants who delight in revering your name. Give your servant success today by granting him favor in the presence of this man."

주님은 나의 빛이요, 방패시요, 구원이시며,
나의 생명의 능력이 되시므로,
누구를 두려워하거나 무서워할 필요가 없게 하신
전지전능하신 주님을 찬양하며 감사합니다.

모든 사람들과의 관계를 주관하시는 주님,
"그들이 부르기 전에 내가 응답하겠고 그들이
말을 마치기 전에 내가 들을 것이며"(사 65:24)라고
하신 주님의 약속을 강하게 붙들고 기도합니다.

살면서 만나는 모든 사람마다 주님의 큰 뜻이
담겨있다는 것을 아이가 알게 하시고,
아이가 시험을 보는 매시간 시험 감독을 보러
선생님들이 들어올텐데…
주님, 들어오는 시험 감독관에게도 복을 주셔서
온유하게 하시고 아이가 평소 준비한 것을

잘 풀 수 있게 해주소서.

아이와 함께 시험 치는 학생들에게도
피해가 가지 않도록 주관하여 주시고,
면접 때에도 에스더와 다니엘처럼
좋은 감독관을 만나게 하소서.
그래서 모든 것이 합력하여 선을 이루게 하시어
주님의 뜻이 이루어지게 해주소서.

만남을 통해 우리를 성장시키시는 좋으신
예수님의 이름으로 기도합니다. 아멘.

노력이 적으면 얻는 것도 적다.
인간의 재산은 그의 노고에 달렸다.
- 헤리크 -

22일

모르는 문제 답을 찍을 때 맞는 답을 찍게 하소서

기도하기 전 읽고 묵상할 성구

"제비는 사람이 뽑으나 모든 일을 작정하기는 여호와(하나님)께 있느니라"(잠언 16:33)

The lot is cast into the lap, but its every decision is from the LORD.

전지전능하신 능력의 주님을
경배하며 송축합니다.

현재의 고난은 장차 나타날 영광과
족히 비교할 수 없다고 말씀하시며
눈물로 씨를 뿌리는 자는 기쁨으로
단을 거둔다고 약속하신 주님,

"내가 여호와(하나님)께 간구하매 내게 응답하시고
내 모든 두려움에서 나를 건지셨도다"(시 34:4)라고
고백한 시편 기자의 마음으로 이 시간
주님께 세세한 것까지도 간구합니다.

씨를 뿌리는 마음으로 하루하루 수능을 준비하는
아이에게도 넘치는 복을 내려 주소서.
시험 때 문제를 더 쉽게 이해하고 공부한 것이

새록새록 기억나게 하시며

단순한 계산문제를 넘어서

응용문제도 당황하지 않고 쉽게 풀게 해주소서.

혹시 모르는 문제가 나와서 답을 찍을 때,

모든 삶이 주님의 손안에 있사오니

맞는 답을 찍을 수 있게 주님께서

마음과 손을 강력하게 주장해 주소서.

문제를 푸는 지혜와 응용력과 통찰력에

담대함과 자신감까지 더하여주소서.

아이를 주님의 손길로 지도해 주시는

예수님의 이름으로 기도합니다. 아멘.

> 내 비장의 무기는 아직 손안에 있다.
> 그것은 희망이다.
> - 나폴레옹 -

23일

비교의식, 패배의식,
열등의식이 없게
하소서

기도하기 전 읽고 묵상할 성구

"우리는 그가 만드신 바라 그리스도 예수 안에서 선한 일을 위하여 지으심을 받은 자니 이 일은 하나님이 전에 예비하사 우리로 그 가운데서 행하게 하심이니라"(에베소서 2:10)

For we are God's workmanship, created in Christ Jesus to do good works, which God prepared in advance for us to do.

우리를 자녀로 삼아주신 주님,
생명을 주시기까지 우리를 사랑하시며,
우리의 모든 생각을 아실 뿐 아니라
귀히 여겨주심을 감사합니다.

"내가 나의 목소리로 여호와(하나님)께
부르짖으니 그의 성산에서 응답하시는도다"
(시 3:4)라는 시편 기자의 고백을
이 시간 나의 것으로 삼아 간구합니다.

세상엔 여러 계층의 사람이 있지만,
그와 상관없이 아이는 주님의 존귀한 자녀입니다.
아이도 남들과 자신을 비교하지 않게 하시고,
자신을 열등하게 느끼지 않도록 해주시고,
자신이 주님의 보배로운 피로 산바가 된
주님의 걸작품임을 깊이 깨닫고

주님이 크게 쓰기 위해 훈련중임을 믿게 하소서.

모든 사람마다 자신의 달란트가 있음을
아이가 깨닫게 하시고
주님이 주신 목표를 향해 노력하며
전진해나가는 믿음의 일꾼이 되게
인도하여 주시고, 반드시
큰 일을 이루고 큰 승리를 거두게 해주소서.

언제나 변함없이 사랑해 주시는
예수님의 이름으로 기도합니다. 아멘.

성실한 판단으로 자신을 판단하고
사랑의 판단으로 남을 판단하라.
- 존 M. 메이슨 -

24일

시험 당일 생리현상에 문제없게 하소서

기도하기 전 읽고 묵상할 성구

"주께서 내 내장을 지으시며 나의 모태에서 나를 만드셨나이다 내가 주께 감사하옴은 나를 지으심이 심히 기묘하심이라 주께서 하시는 일이 기이함을 내 영혼이 잘 아나이다"(시편 139:13,14)

For you created my inmost being; you knit me together in my mother's womb. I praise you because I am fearfully and wonderfully made; your works are wonderful, I know that full well.

우리를 창조하실 때 신묘막측하게 지으신 주님,
시편 기자의 증언처럼 "내가 간구하는 날에
주께서 응답하시고 내 영혼에 힘을 주어
나를 강하게 하셨나이다"(시 138:3)라고
고백할 수 있도록 도우시는 주님을 찬양합니다.

주님께서 우리 아이의 소화기관을 주관하시어
시험시간 중에도 모든 장기들이 건강하고
평안하게 해주소서.
중간에 화장실을 가는 일로 집중력을
잃지 않게 하시고, 모든 기관도 정상적으로 활동해
이유 없는 통증이 생기지 않게 해주소서.

아이에게 좋은 컨디션을 주셔서
시험을 잘 치를 수 있도록 인도해 주소서.
그의 모든 생리적 현상이 시험을 치르기에

가장 적합하고, 평안한 마음을 주시고
올바른 조화를 이루게 해주소서.

기침 한 번 없이 건강히 시험을 치르게 하소서.
건강한 몸과 건강한 정신으로 모든 과정을
밝게 하시고, 기억력도 좋아지게 해주셔서,
잊었던 것도 새록새록 기억나
기대 이상으로 좋은 성적을 내게 해주소서.

아이의 모든 것을 주님께 맡기며
예수님의 이름으로 기도합니다. 아멘.

자연과 시간과 인내는 3대 의사다.
- H.G. 보운 -

25일

생각과 논리를 주관하시어
국어 시험을
잘 치게 하소서

기도하기 전 읽고 묵상할 성구

"사람의 마음에 있는 모략은 깊은 물 같으니라 그럴지라도
명철한 사람은 그것을 길어 내느니라"(잠언 20:5)

The purposes of a man's heart are deep waters, but a
man of understanding draws them out.

주님께서 내게 베푸신 모든 은택을 기억하며
우리 생명을 파멸에서 구속해 주신 주님을
내 속에 있는 것들이 다 송축합니다.

우리의 모든 말과 생각을 아시는 주님,
수능 시험에서 아이가 좋은 점수를 받기 위해서
기도합니다.
시편 기자가 "하나님이여 내게 응답하시겠으므로
내가 불렀사오니 내게 귀를 기울여 내 말을
들으소서"(시 17:6)라며 기도하는 심정으로
주님께 간구합니다.

아이가 국어 시험을 잘 치르게 도와주소서.
우리에게 언어를 주신 분은 주님이십니다.
시험문제를 받았을 때 담대하게 하시고,
올바로 이해하게 하시고, 서로 관련된 일들을

논리적으로 분석해 바른 사고를 하도록
아이의 생각과 논리를 주관하여 주소서.

문장의 의미를 잘 이해하고
바른 답을 쓰게 해주소서.
또한 긴 문장을 잘 기억해 답안을 여유있게
검토하며 실수를 예방하는 여유를 갖게 하시어
국어 시험을 잘 치러 좋은 성적을 얻게 해주소서.

시험의 시종일관을 주님께 맡기며
예수님의 이름으로 기도합니다. 아멘.

그것을 하러 나는 왔다.
그것만을 생각하면 된다.
- 헤밍웨이 -

인생을 바꾸는 질문

하버드대 교육대학원장 라이언 교수는 하버드 졸업생들의 축사에서 「인생에 꼭 필요한 5가지 질문」에 대해 말했습니다.

1. 잠깐, 뭐라고?(Wait, what?)
   반드시 문제를 제대로 이해하고 있는지 물어야 합니다.

2. 왜 안 되는 거지?(I wonder)
   왜 그런 문제가 생겼는지에 대해서 묻는 것입니다.

3. 이런 방법은 안 될까?(Couldn't we at least)
   의견이 다른 상대나 문제가 있는 경우에는 먼저 최소한의 발걸음을 떼
   는 것이 중요합니다.

4. 도와드릴까요?(How can I help?)
   어떤 방법으로 도와줄지 먼저 물으십시오.

5. 진짜 중요한 게 뭐지?(What truly matters?)
   새로운 결심을 하고, 시작을 할 때마다 물어보십시오.

라이언 교수는 그러나 이 질문을 통해 얻고자 하는 것을 얻지 못했다면 처음으로 돌아가야 한다고 말했습니다.

하나님의 말씀대로 살아가며 주님을 닮아가는 삶을 통해 원하는 것을 얻었다고 고백할 수 있습니까? 그렇지 않다면 나의 신앙과 삶을 돌아보십시오.

실천 사항 점검

지난 25일 동안 자녀의 특이사항, 실천한 일을 적어보세요.

자녀의 특이사항	자녀를 위해 실천한 일

26일

유연한 사고로
수학 시험을
잘 치게 하소서

기도하기 전 읽고 묵상할 성구

"하나님의 영을 그에게 충만하게 하여 지혜와 총명과 지식
으로 여러 가지 일을 하게 하시되"(출애굽기 35:31)

And he has filled him with the Spirit of God, with
skill, ability and knowledge in all kinds of crafts-

mathematics

우리를 구원해 주시고
우리를 인도해 주시며
우리의 머리카락 숫자까지 다 아시는 주님!
주님께서 "네가 부를 때에는 나 여호와(하나님)가
응답하겠고 네가 부르짖을 때에는
내가 여기 있다 하리라"(사 58:9)라고 분명하게
약속하심을 감사합니다.

우리 아이의 수학 시험을 위해 기도합니다.
수학은 다양한 응용문제들이 나온다고 합니다.
주님, 그 문제들에 당황하지 않게 하시고
평소보다 더 유연한 사고능력으로
올바른 답을 찾아 쓰게 해주소서.

처음 풀이부터 꼼꼼하게 풀어나감으로
모든 문제에 맞는 답을 적을 수 있게 하시고,

아이에게 지혜를 주셔서
수학의 원리를 잘 이해하게 해주소서.

또한 시험 이후에 미련 없이 다음 시간을
준비하게 하시고,
생각한 대로 시험이 잘 치러지지 않더라도
포기하지 않고 도전하게 해주소서.
그리고 그 결과를 주님께 맡기게 해주소서.
주님께서 이루어 주실 줄 믿습니다.

모든 것의 해답이 되시는
예수님의 이름으로 기도합니다. 아멘.

생각이야말로 진정한 힘이다.
생각은 에너지인 것이다.
- 앤드류 매튜스 -

27 일

지혜와 지식을 더하여
영어 시험을
잘 치게 하소서

기도하기 전 읽고 묵상할 성구.

"너희가 기도할 때에 무엇이든지 믿고 구하는 것은 다 받으리라 하시니라"(마태복음 21:22)

If you believe, you will receive whatever you ask for in prayer.

내 영혼이 주님을 송축합니다.
주님은 심히 위대하시며
존귀와 권위로 옷 입으셨으며(시 104:1)
만물을 창조하시고 운행하시는 주님이십니다.

주님을 경외하는 것이 모든 지식의 근본임을
믿습니다. 우리 아이도 철저히 믿게 하소서.
모세에게 말씀하시기를 "너는 그에게 말하고
그의 입에 할 말을 주라 내가 네 입과 그의 입에
함께 있어서 너희들이 행할 일을 가르치리라"
(출 4:15)라고 하신 주님, 모든 언어의 능력은
주님께 있음을 고백합니다.

주님, 아이가 영어 시험을 치를 때도
그의 지혜와 지식을 더하여 주소서.

솔로몬에게 주셨던 지혜를 아이에게도 주셔서
많은 문제들을 풀어나갈 때에 영어 단어나
문장들이 헷갈리지 않고 잘 풀게 해주소서.
또한 식사를 마치고 난 후라 졸릴 수도 있고
화장실이 급해질 수도 있습니다.
주님 알맞게 주장하여 주셔서 적당한 긴장감을
유지해 잠을 쫓고 집중하여
시험을 잘 치를 수 있게 이끌어 주소서.

늘 승리하게 하시는
예수님의 이름으로 기도합니다. 아멘.

슬기로운 사람의 눈은 머릿속에 있다.
- 솔로몬 -

28일

놀라운 집중력으로
한국사/탐구(사·과·직)
시험을 잘 치게 하소서

사회

"명철한 자의 마음은 지식을 얻고 지혜로운 자의 귀는 지식을 구하느니라"(잠언 18:15)

The heart of the discerning acquires knowledge; the ears of the wise seek it out.

우주 만물을 창조하시고 운행하시며
우리의 생사화복도 주관하시는
위대하고 강하신 주님을 찬양합니다.
주님을 따르는 모든 자들에게
능력과 은혜 주심을 또한 감사합니다.

"은혜의 때에 내가 네게 응답하였고 구원의 날에
내가 너를 도왔도다"(사 49:8)라고 말씀하신 주님!
주님의 도움이 절실히 필요합니다.

주님, 아이가 한국사와 탐구영역 시험을
잘 치게 도와주소서.
특히 이 과목은 암기할 내용이 많은데
긴장감으로 내용을 잊지 않게 하시고,
문제와 연관된 해답을 잘 찾게 해주소서.
모든 문제들을 객관적인 시각에서 바라봄으로

가장 합리적으로 맞는 답을 찾게 해주소서.

그리고 긴 시험시간 동안 긴장을 놓치지 않고
끝까지 집중할 수 있도록 도와주소서.
또한 순간순간 주님을 의지하게 하소서.
모르는 문제로 인해 당황하지 않고 아는 것부터
잘 풀어나가게 아이에게 지혜를 주소서.

아이의 모든 순간마다 함께 하실 줄 믿으며
예수님의 이름으로 기도합니다. 아멘.

> 불멸의 육체는 없다.
> 불굴의 정신이 있을 뿐이다.
> - 에베렛 -

29일

탁월한 기억력으로 제2외국어/한문 시험을 잘 치게 하소서

川

天

地

漢字

"마음의 경영은 사람에게 있어도 말의 응답은 여호와(하나님께)로부터 나오느니라"(잠언 16:1)

To man belong the plans of the heart, but from the LORD comes the reply of the tongue.

우리를 먼저 사랑해 부르시고
우리를 영원토록 사랑하시는 주님,
말로 다할 수 없는 은혜에 감사드립니다.

흔들리지 않는 화평의 언약을 맺은 주님께서
우리에게 약속하기를 "네 모든 자녀는
여호와(하나님)의 교훈을 받을 것이니
네 자녀에게는 큰 평안이 있을 것이며"(사 54:13)
라고 하셨사온데 아이의 제2외국어와
한문 시험까지도 아주 좋은 성적을 얻게 해주소서.

외운 단어들이 잘 생각나게 하시고, 많은 문장을
해석하는 중에 그 의미를 잘 파악하여
문제가 요구하는 답을 바르고 빠르게
찾아낼 수 있도록 인도하여 주소서.

또한 제2외국어와 한문 공부가 단순히
점수를 얻기 위해서가 아니라
진정한 실력으로 쌓여 주님 일에 쓰임 받는
아이가 되게 인도하여 주소서.

오순절에 있었던 방언의 역사를 기억하게 하시고,
또한 시험 이후에 있을 원서접수와 면접까지
주님께서 함께 해주소서.

좋은 결과로 주님께 영광 돌릴 것을 믿으며
예수님의 이름으로 기도합니다. 아멘.

한 번 마음 판에 새겨진 것,
그것은 절대로 사라지지 않는다.
- 헨리 워드 비처 -

30일

하나님이 지으신 목적들을
알아가게 하시고
대학에 입학해서도
신앙을 견고케 하소서

기도하기 전 읽고 묵상할 성구

"이 백성은 내가 나를 위하여 지었나니 나를 찬송하게 하려
함이니라"(이사야 43:21)

The people I formed for myself that they may
proclaim my praise.

모든 영광과 감사, 찬송 받기에 합당하신 주님,
우리 **아이**를 이 땅에 태어나게 하시고, 주님의 뜻을
이루는데 필요한 강력한 힘을 주심을 감사합니다.

"너희는 먹든지 마시든지 무엇을 하든지 다
하나님의 영광을 위하여 하라"(고전 10:31)라고
말씀하시며 우리의 모든 필요를 공급해주시는
사랑의 주님, 감사합니다.

오늘도 공부에 매진하는 **아이**가
즐겁게 공부하면서, 주님의 십자가의 공로를
감사하게 해주시고, 주님의 은혜와 목적이
무엇인지 알게 해주소서.

또한 **아이**에게 주님께서 지으신 목적에
합당하게 살아가고자 하는 마음을 주시고,

거친 이 세상에서 승리하며 빛과 소금으로서의
역할을 잘 감당할 수 있도록 이끌어 주소서.

그리하여 언제나 주님께 순종하는 삶으로
주님의 뜻을 이루며 살도록 해주시고,
대학에 가서도 더 굳건한 믿음 생활을 하게 하소서.
사회에 나가서도 선한 영향력을 끼치는
글로벌 리더가 되게 해주소서.

언제나 넘치고 후한 복 주시는
예수님의 이름으로 기도합니다. 아멘.

겸손한 자만이 다스릴 것이요,
애써 일하는 자만이 가질 것이다.
- 에머슨 -

대화를 잘 하는 방법

가장 뛰어난 라디오 호스트로 수많은 유명인을 만나 인터뷰를 한 셀레스트 헤들리는 또한 대화의 달인으로 불립니다.

그녀가 한 강연에서 말한 '대화의 달인이 되는 방법' 중 7가지입니다.
1. 한꺼번에 여러 일을 하지 마세요.
2. 자유롭게 대답할 수 있는 질문을 하세요.
3. 대화의 흐름을 따르세요.
4. 모르면 모른다고 하세요.
5. 나의 경험을 다른 사람과 동일시하지 마세요.
6. 들으세요.
7. 짧게 말하세요.

그녀는 강연의 마지막에서 이 원칙들의 대전제는 단 한 가지 '다른 사람에게 관심을 가질 것'이라고 말할 수 있다며 이 법칙 중 한 가지만 통달해도 대화의 달인이 될 수 있을 것이라고 말했습니다.
셀레스트는 어려서부터 부모님의 교육으로 어떤 사람이든 숨겨진 놀라운 면이 있다고 생각을 하고 사람들을 대했다고 합니다.

자녀와 갈등이 있다면 그것은 대화의 방법 때문일 수 있습니다. 자녀의 입장을 자녀의 눈높이로 이해(Understand)하고, 자녀의 말과 행동에 반응할 때(특히 화가 났을 때) 3초만 참으십시오. 놀라운 변화와 좋은 관계가 됩니다.

실천 사항 점검

지난 30일 동안 자녀의 특이사항, 실천한 일을 적어보세요.

자녀의 특이사항	자녀를 위해 실천한 일

신앙 유산 10가지

뉴욕타임스에서 선정한 세기의 갑부 중 1위에
존 D. 록펠러가 있다. 그는 세계 최고의 부자였고,
세계 최고의 자선가였는데, 어린 시절
가정 형편이 어려웠지만, 경건한 크리스천이었던
어머니에게 신앙교육을 통해 성경을 배웠고,
올바른 예의범절을 배웠다.
기자들이 록펠러에게 물었다.
"당신이 세계적으로 성공한 비결이 무엇입니까?"
그는 망설임 없이 답했다.
"어머니로부터 신앙 유산을 물려받은 게 비결입니다."

아래는 그가 어머니에게 어릴 때부터 철저하게 배웠던
신앙 유산 10가지를 편집한 것이다.

01. (모든 필요한 것을 공급하시는)
   하나님을 친아버지 이상으로 섬겨라.

02. (하나님의 말씀을 바르게 가르치는)
   목사님을 하나님 다음으로 생각하라.

03. (하나님 자녀로서 교회에도 충성해야 하므로)

주일예배는 가능한 본 교회에서 드려라.

04. (십일조는 모든 것이 하나님의 것임을 고백하는 것이므로)

오른쪽 주머니는 항상 십일조 주머니로 하라.

05. (하나님께서 이웃을 사랑하고 섬기라 하셨으니)

아무도 원수로 만들지 말라.

06. (하나님께서 온종일 모든 일에 함께해주시길 바라면서)

아침에 목표를 세우고 기도하라.

07. (하루를 돌이켜보면서 혹시 하나님께 자백할 일이 있으면)

잠자리에 들기 전 하루를 반성하고 기도하라.

08. (늘 하나님과 함께 하루를 시작하는 마음으로)

아침에는 꼭 하나님의 말씀을 읽어라.

09. (하나님이 주신 큰 복을 소리 소문 없이 이웃과 나누기 위해)

남을 도울 수 있으면 힘껏 도우라.

10. (하나님 가까이에 앉아 예배하는 마음으로)

예배 시간에 항상 앞에 앉으라.

365일 자녀 축복 안수 기도문 · 365일 번성을 위한 축복 기도문 · 365일 부모를 위한 무릎 기도문

자녀의 대입 합격을 위한
부모의 무릎 기도문

엮은이 | 편집부
발행인 | 김용호
발행처 | 나침반출판사

제1판 발행 | 2020년 9월 1일

등 록 | 1980년 3월 18일 / 제 2-32호
본 사 | 07547 서울특별시 강서구 양천로 583
　　　　블루나인 비즈니스센터 B동 1607호
전 화 | 본사 (02) 2279-6321 / 영업부 (031) 932-3205
팩 스 | 본사 (02) 2275-6003 / 영업부 (031) 932-3207
홈 피 | www.nabook.net
이 멜 | nabook365@hanmail.net
일러스트 제공 | 게티이미지뱅크/ iStock

ISBN 978-89-318-1599-3
책번호 바-1050

값은 뒷표지에 있습니다.